Thomas Heinze

SEX
MIT
AMEISEN-
BÄREN

Ein Poesiealbum
für Erwachsene

Copyright 2021 Thomas Heinze

1. Auflage 2021

Herstellung und Verlag: BoD – Books on Demand, Norderstedt

Druckvorbereitung & Grafik-support: Blaupause 1120 Wien

ISBN: 9783752658569

Vorwort

Loblieder, Spottverse, Moritaten, Polemiken, Nonsens und auch eine Trauerrede werden Sie in dieser Textsammlung kennenlernen. Ein sehr bunt gemischtes Programm. Das einzige Ordnungsprinzip: sämtliche Texte in Teil 1 sind aus den Jahren 2019 bis 2021. Alles frisch aus dem Bleistift bzw. aus dem Multimarker und der Tastatur. Es sind keine „Gedichte", sondern Texte, die sich manchmal reimen und manchmal auch nicht.

In Teil 2 habe ich Texte zusammengestellt, die schon älter sind und als Lieder verfasst wurden, teilweise sind sie bereits vertont (Hausmaster im Jenseits, CD aus 1994, siehe letzte Seite), teilweise wurden sie öffentlich präsentiert (z.B. "Liiert" im Spektakel in Wien), einige warten noch auf eine Vertonung.

Der eine oder andere Text ist möglicherweise sehr unkorrekt, explizit, politisch oder sonstwie fragwürdig und auch unfreiwillig oder absichtlich Blödsinn oder Unsinn. Ich habe mich nicht selbst zensiert und wurde auch nicht zensiert. Ich danke allen, die mir mit Lesen und Lesen lassen sowie mit ihren Kommentaren und Hinweisen geholfen haben, etwas Ordnung in das Gestrüpp meiner Gedanken und Ideen zu bringen und mich durch ihre Hinweise vor unnötigen Provokationen bewahrten.

Wien, im April 2021   Thomas Heinze

Autor und für den Inhalt verantwortlich: Thomas Heinze
Verlag, Druck und Vertrieb: BOD Books on Demand
Öffentliche Vorträge bzw. Lesungen 2019 und 2020: Kulturverein Alberts Bücherlager, 1120 Wien, Aichholzgasse 19; im Rahmen des „Kulturjam" und der „Kellertexte" – Danke an Albert Dlabaja (Hüttenwirt), Chris Peterka (Master of Ceremonies „Kulturjam") und Daniela Noitz (Mistress of Ceremonies „Kellertexte").

Inhalt

Teil 1 - Texte

Teil 2 Lieder

Teil 1 Texte

01 Auch mal Danke sagen

Vor zehn Jahren sagte mir der Zeus
mit einem Donnerschlag,
dass er nicht länger
dabei zuschauen mag,
wie ich ständig verletzte
den Anstand und die Sitte.

Ich hörte dann auf mit solchem Unsinn
wie saufen, rauchen, kiffen, lose Weiber,
weil ich nicht sterben wollt
in meines Lebens Mitte.

Nun sitz ich munter unter euch als einer,
dem damals fast
der letzte Zipfel Leben wär entfleucht.

Ich war wirklich schwer bedient,

kannte meinen Sohn nicht mehr

und kränkte ihn mit Fragen wie:

„was will denn dieser Vogel hier?"

Gerettet haben mich außer meinen Ärzten[1]

meine Frauen, Gabriele ganz besonders,

die mir das Leben

durch ihre Geistesgenwart und ihr

ärztliches Können bewahrte;

Ida Lucida, die mir befahl, gesund zu werden:

„move your ass, Tom!"

Mein Sohn Igor und alle Freunde,

die mir zu verstehen gaben,

dass sie es durchaus gerne sähen,

würd' ich noch länger unter ihnen leben.

---

[1] Mein Dank gilt vor allem Heber Ferraz-Leite (AKH Wien), der mir mein Hirn
wieder zusammenschraubte, aber auch allen anderen Ärzten und Ärztinnen im
AKH und im Franz Josef Spital, deren Namen ich leider nicht mehr weiß.

Auch den durchwegs kompetenten Damen

In der Reha-Klinik Laab am Walde,

die mir sprechen, lachen, hüpfen,

schwimmen und gehen wieder zeigten,

ist großer Dank geschuldet meinerseits.

Aus diesen leicht verständlich Gründen

werd ich wütend wie noch was,

wenn irgendein Dorfdepp

beschwert sich lautstark über unsere Ärzte

und das damit zusammenhängende System,

weil mal wegen seinem Schnupfen

in einer Ambulanz nicht alle

sofort nach seiner Pfeife hupfen.

Ich möcht' an dieser Stelle deponieren,

dass mein Dank ist groß an alle,

die mir auf die Beine halfen

und dafür sorgten,

dass ich heute wieder

fröhlich und sehr zufrieden

Bücher wie dieses hier verbreite.

03 11 2019

02 K.G.B. versus M.A.F.I.A.

Im kalten Krieg
haben mein Kumpel Pete und ich
mit Pal Barati aus Ungarn
ein paar Geschäfte gemacht.

Pal kannte sich aus
mit russischen Großcomputern
und mit westlicher Technologie,
Rechner von DEC zum Beispiel.
Das passierte alles
vor dem Hintergrund
des US Cocom Embargos.
Coordinating Committee
on Multilateral Export Controls,
so hieß das damals.

Ein Embargo auf Hightech-Zeugs

und alle Geräte,

die schneller rechnen konnten als ein Abacus.

Die Amis wollten nicht,

dass der Iwan und dessen Freunde

die Steuerungen für ihre Raketen

mit amerikanischer IT Hardware

und IT-Software bauen konnten.

Irgendwie verständlich, das;

deshalb fielen auch PCs unter das Embargo.

Das waren damals zu Traktoren aufgemotzte

Kinderdreiräder,

die nicht viel mehr

als die Grundrechnungsarten konnten,

und das ziemlich langsam.

Pete und ich

haben ein paar Personalcomputer

nach Ungarn vercheckt,

zu ungefähr dem Zehnfachen

des Preises im Westen.

Mehr war nicht,

wir waren kleine Fische.

Die Kunden fuhren immer

mit einem eleganten

weißen Bayrischen vor,

und die Frauen, die dabei waren,

trugen feine Pelze und kurze Röcke

und staksten sehr gekonnt

auf ihren Zwölfzentimeter-Heels

durch die Gegend.

Ja so war's, Ja so war's,

damals im kalten Krieg;

das war Mikado Spielen mit Atomraketen.

Wer sich als erster bewegte,

war erledigt

und der halbe Planet gleich mit.

Man wusste, der KGB kassierte

immer und überall.

Die „Versicherungen" wurden

ohne zu fragen bezahlt.

Deshalb gab es für die Kunden,

die sich das Zeug bei uns kauften,

von den Russen und den Amis

keine auf die Mütze.

Das Cocom Embargo war

eine Schnapsidee

von Bürohengsten und Sesselfurzern,

es war unmöglich zu überwachen.

Das Einigende war für die Ostler war damals:

alle versuchten die Amis

mit ihrem Computer Embargo zu hintergehen.

Die halbe Welt beschiss die Amis,

nicht nur die Ungarn machten das,

aber da waren wir halt dabei.

Ja so war's, Ja so war's,

damals im kalten Krieg;

das war Mikado Spielen

mit Atomraketen.

Wer sich als erster bewegte,

war erledigt

und der halbe Planet gleich mit.

Ich behaupte,

der K.G.B.

war irgendwie seriös,

man wusste, dass sie konnten,

aber man wusste auch,

was man machen musste,

damit sie einen in Ruhe ließen.

Heute möchte ich

in die ehemaligen

Warschauer Pakt Staaten

nicht einmal ein paar Radiergummis

verkaufen müssen.

Weil statt K.G.B. ist heute M.A.F.I.A.

Die sind schwer einzuschätzende,

soziopathische Killer,

die keinerlei Regeln akzeptieren,

und ihre eigenen Regeln

mit Handfeuerwaffen

und schwererem Gerät

durchzusetzen wissen.

Ein Herr Sanikidse,

der 1996 in der Annagasse in Wien

hingerichtet wurde,

war ein Geschäftspartner

meines Geschäftspartners.

Sanikidse hatte offensichtlich

nicht reibungslos genug funktioniert

in der russischen Bauwirtschaft.

Nicht den korrekten Anteil

der „Versicherungseinnahmen"

weitergeleitet.

Wenn man die Versicherungen nicht zahlte,

kamen Rollkommandos,

um die Einrichtung eines Gebäudes

mit völlig ungeeigneten Werkzeugen

zu zerkleinern

und zum Drüberstreuen

das weibliche Personal

unsanft zu einem Gangbang zu überreden.

Sanikidse war eine Warnung für mich,

ich lehnte dann sämtliche Angebote,

wieder in der UDSSR zu arbeiten, dankend ab.

Die russischen Mafiosi diskutierten nicht,

das waren digitale Maschinen.

Die Gehirne dieser Businessmeni

kannten nur zwei Zustände:

Für mich oder gegen mich,

tot oder lebendig.

Dazwischen war kein Platz

in ihrem Erbsenhirn.

Solchen Verbrechern, dachte ich,

soll man nicht bieten

allzu naiv und leichtfertig die Stirn.

05 11 2019

03 Blindenhund und blinder Hund

Martin B.,

der Kämpfer für der Tiere Rechte

hat einen Hund,

dem aufgrund von Diabetes

ein Auge entnommen werden musste.

Angeregt durch diesen Hund,

möchte ich demonstrieren,

wie ein einziger Buchstab',

im konkreten Fall das R,

ändert völlig eine Welt.

Ein Blindenhund nämlich,

dem getauscht das N mit R

wird plötzlich,

es ist ein groß Geplärr,

vom BlindeNhund

ein blindeR Hund.

das schadet seinem Geschäft gar sehr.

Er kann nun wegen dieses blöden R

nicht mehr führen Blinde durch die Stadt,

wo doch allein seine Ausbildung

zigtausend Euro

und paar mehr gekostet hat.

Ich will nicht spotten

übers Schicksal dieses Hunds,

Das Tier kann froh sein, dass es lebt mit B.,

der zu Tieren nett und auch den Hund,

welcher hat nur mehr ein Aug,

behandelt gut,

so wie er's würde,

hätt er deren zwei.

und wäre nach wie vor ein Hund mit N

statt des blöden R.

er hat's bequem bei B., der Hund,

er muss nun nicht mehr heftig hackeln

und ungeschickten Blinden

den Weg mühsam vor- und weiterdackeln.

Das Beispiel zeigt uns, wie ich glaube,

dass der Hunde Schicksal und auch unseres

nicht nur am seidenen Faden hängt,

sondern auch,

man glaubt es kaum,

an einem miesen R,

das einem völlig unschuldigen Tier

plötzlich und ganz unvermittelt

das Leben durcheinanderschüttelt.

24 11 2019

04 Es pfeifet der Wind

Es pfeifet der Wind
Durch den kalten Flur
Mein Leben hängt jetzt nur
an einer dünnen Schnur.

Am Fensterkreuz
hab ich sie befestigt schon,
die Schnur der Schnüre,
die ich streichelnd und liebkosend
an meinem Hals schon spüre.

Potztausend, es muss geschieden sein,
diese Welt ist nicht mehr mein;
Der Sprung
ins nirwanische Paradies,
er muss mir glücken,

salta, hic et nunc!

Bin ich ein Mann oder ein Pudding?

Nichts da!

Ich besorg mir jetzt

mit der Schnur und eines Sprunges Hilfe

das ewige Entzücken.

bleibt zurück!

ihr tumben Mücken.

Ich sage, ciao ciao ciao

auf Nimmerwiedersehn,

wie ist es doch im Paradiese schön.

Ich freu mich schon,

dann dort zu treffen

Meine Nichten und auch Neffen,

die vor mir mutig ham durchschritten

diese Türe,

mal mit und mal ganz ohne Schnüre

01 10 2019

05 Ein Hund pisst auf zwei Beinen

Ein Hund pisst auf zwei Beinen,

das habt ihr noch nicht gesehen;

dazu muss man voller Muße

durch die Straßen Meidlings[2] gehen.

Dass der männliche Hund ein Bein hebt,

ein hinteres zumeist,

will er seine Blase leeren,

an jedem Hauseck,

jedem Baum,

jedweder Laterne,

Das ist ganz üblich, keine Frage.

---

2 Meidling ist der 12. Wiener Gemeindebezirk

Auf drei Beinen steht er noch stabil genug,
um nicht hineinzufallen in die eigene Pisse.

Wen ich habe kürzlich pissen gesehn,
war ein Hund, der auf zwei Beinen stand,
nur gehalten im fragilen Gleichgewicht
durch seines kundigen Frauerls Leine.

Diese Pisshaltung,
da möchte ich keine Diskussion,
verdient einen Eintrag
ins Hundebuch der Rekorde schon.
Zu vermuten ist, dass dieses Vieh
einst Karriere machte als Zirkustier
und damals in der Lage war,
einen sich drehenden Teller
auf einem Stock zu balancieren,
ohne zu zittern
oder kläglich abzuschmieren.

Anders ist's nicht zu erklären,

wie der Hund es schaffte,

auf zwei Beinen stehend,

seinen Strahl präzise abzusetzen

und nebenbei fünf Ameisen

am Kopf schwer zu verletzen.

Für diese kleinen Krabbeltiere,

so stelle ich mir vor,

ist ein Pissestrahl

noch gefährlicher

als für den Menschenkopf ein Wasserwerfer.

Dieser Hund, er war recht klein,

ein Spitzdackelrattler könnt' es gewesen sein;

reinrassig war er sicher ich nicht,

er würde nicht so pissen, glaube ich;

man fragt sich nun, wie scheißt der Wicht?

steht er auf einem Beine gar?

Oder geht er auf die Knie?

klar ist, dass die runde Welt

wegen diesem kleinen Köter

keineswegs den Lauf anhält.

Hund, o bleibe wer und wo du bist,

ob du auf drei oder zwei Beinen

in Meidling auf die Straße pisst;

Gefährte eines Menschen bist

und unnötige Plage für alle anderen.

Dieser hier war lustiger

als all die anderen Hundeviecher,

die ihre Nase in die Scheiße

von den Kollegen stecken

und anschließend gleich

dem Frauli oder Herrli

zutraulich das Gesicht abschlecken.

13 12 2019

06 Was glaube ich, was glaube ich nicht?

Ich glaube, dass die nächste U-Bahn

Kommt in fünf Minuten,

wenn die Echtzeitanzeige

es so vermeldet.

Das stimmt meist

und bestärkt mich

im Glauben

an die technischen Systeme,

die geschaffen wurden mit Hilfe der Physik

und der elektrischen Technik.

Ich glaube nicht,

dass die heutige Politik

die Probleme löst,

so wie sie es verspricht.

Ich glaube eher,

die Politik ist selber das Problem.

Sie macht sich's leider zu bequem.

Sie sagt nicht:

„Es kann nicht jeder mit seinem SUV (Es Ju Vi)

mit 500 PS und 5 Litern Hubraum

durch die Gegend zischen wie noch nie!

Liebe Leut', das geht so nicht!

Zurückhaltung wär des Bürgers Pflicht!

Die Heizung, welche verbrennt Unmengen Öl,

dreht sie ab schnell,

und zieht Euch wärmer an!"

Sonst könnt ihr demnächst

fahren an das Meer

nach Hannover

oder vielleicht auch nach Berlin;

das wäre nicht in eurem Sinn.

Wir glauben eher, was wir wissen,

auf alles andere ist geschissen.

An einen Gott, der gütig und auch weise sehr,

daran glaubt heute niemand mehr.

Außer ein paar überzeugten Salafisten,

die sitzend warten

auf ihren Munitions- und Waffenkisten.

Zu töten im Namen ihres Gottes names Allah

sämtliche Kuffar

oder aber diese auch

einsperren in KZs und andere Lager,

wo man sie ohn' Essen und ohn' Trinken

ganz einfach mal verrecken lässt.

Wären diese Herrschaften
nicht so elend schlicht im Hirn,
man könnte sie hassen,
und sie alle aufhängen
an ihren Haselnuss-Eiern.

Daran zum Beispiel glaube ich,
dass Ähnliches wär' unsere Pflicht.
ich lasse mich von diesen Nostalgikern
doch nicht Meier machen,
wie man sagt,
weil man etwa ihrer
unmaßgeblichen Meinung nach
bezüglich ihres Gottes
falsch oder lästerlich zu sprechen wagt.

Die üble Brut, so glaube ich,
wird uns noch zusetzen fürchterlich.
Wir Narren füttern sie gar noch

mit Geld und Bildung,

damit sie besser

liefern uns künftig

an ihr heiliges Schlachtermesser.

Der Biedermann,

das war schon immer so,

beherbergt die Brandstifter

und ist darob noch froh,

weil er wegen Menschlichkeit

dereinst gewinnt das Himmelreich.

Ich glaube,

wir sind Riesentrottel und Riesenkoffer,

wenn wir das tun.

Ich bin kein tumber Optimisten-Hoffer

und glaube daher nicht,

dass helfen ist stets unsere Pflicht.

Ich glaube nicht an eine „Umvolkung"

oder einen Geheimplan

für einen Bevölkerungsaustausch,

wie manche Hiafler schreien es hinaus.

in ihrem Red-Bull-Wodka-Kokain-Rausch;

einen Geheimplan, gesteuert natürlich,

wie könnte es anders sein?

vom ewigen Juden

in Gestalt des internationalen Finanzkapitals.

Man lege diesem (dem Finanzkapital) trotzdem

eine feste Schlinge um den Hals.

Und setze sie fest, die Ganoven und Verbrecher;

man mache den Prozess ihnen

wegen organisierten Verbrechens

und Steuerbetrug.

So wie es jetzt geschieht mit der Firma

der Familie Sackler,[3]

---

3 Eigentümer der Firma Purdue, die das Schmerzmittel Oxycontin hergestellt und verkauft hat.

die so heißt,

weil über Jahrzehnte sie

die Ami-Hackler ohne Skrupel

elend ausgesackelt

und krank gemacht

mit Hilfe hochkorrupter Ärzte,

bis das Oxycontin

in den kranken Venen gärte.

Zweihunderttausend Menschen starben,

womit die Sacklers Milliarden

an Profiten erzielten;

um zu verschleiern schlau

ihr schändlich Tun,

bauten sie Museen,

zu mehren ihren Ruhm.

Bis Künstlerin Nan Goldin dann sagte:

„Jetzt ist Schluss mit dem zynischen Spiel!

In Häusern, die von den Sacklers

Geld genommen,

müsst ihr künftig

ohne meine Werke auskommen."

18 11 2019

07 Kommt, pflücken wir vom Pommesbaum

Kürzlich erst,

traute ich mich einmal

ganz genau wissen zu wollen,

was die McDonald's Fritzen so

in ihre Pommes reinhauen

und was sie – eigentlich –

nicht reinhauen soll(t)en.

Mein Entsetzen war nicht gering,

es waren lauter grauslich Ding.

Man glaubt – Pommes:

Das sind Kartoffeln, Fett und Salz,

doch weit gefehlt.

Was diese Teufelsköche

in ihr Essen schmeißen,

um so gelbe Dinger zu produzieren,

die Pommes frites dann geheißen,

das erzähl ich hier

Der Reihe nach:

außer Kartoffeln, das ließ sich nicht vermeiden,

sind sie mit Chemie nicht sehr bescheiden.

Unter anderem Tertiär-Butylhydrochinon (TBHQ).

Ein Antioxidationsmittel für verschiedene Fette,

In diesem Fall für hydriertes Sojabohnenöl,

in dem sie ihre Pampe dann frittieren.

Eine weitere Zutat ist ein Silicium

mit dem Namen Polydimethylsiloxan (PDMS),
das aus Sicherheitsgründen eingesetzt wird.

PDMS beugt dem Schäumen

von kochendem Öl vor.

Auch dieser Zusatzstoff gilt,

in geringen Mengen wohlgemerkt,

als durchaus unbedenklich.

Eine Stange Pommes pro Tag

höchstwahrscheinlich

Könnte gelten noch als menschverträglich.

Eine Maximaldosis darf aber

keinesfalls überschritten werden.

PDMS wird übrigens auch für Arzneimittel und

zur Gleitbeschichtung bei Kondomen verwendet.

Das halte ich für eine

geniale Marketing-Maßnahme,

unsere Pommes schmecken wie'n Blowjob mit

Gummi, aber mit Schlucken.

Auch farbentechnisch sorgt man vor;

dem Zufall wird rein gar nichts überlassen.

Dinatriumhydrogenphosphat sorgt dafür,

dass die Pommes nicht grau werden,

sondern goldbraun und auch knusprig bleiben.

Eine perfekte Kartoffelsimulation ist das also.

Das Wort Pommes, Kartoffel

dafür zu verwenden,

sollte den McDonaldianern

gerichtlich untersagt werden,

verbunden mit einer Milliardenentschädigung

an sämtliche ehrlichen Kartoffelbauern

und Pommesköche dieser Welt.

In hohen Dosen könnte der Phosphor

im Dinatriumhydrogenphosphat

Hyperaktivität, allergische Reaktionen

und Osteoporose auslösen, so wird befürchtet.

Zu viel soll, könnte, vielleicht.

Man weiß zwar,

was in dem McDonald's-Zeug,

das sich Pommes, Kartoffel nennt

genau drin ist,

allerdings nicht,

wie es auf den Menschen wirkt.

Verifizieren kann ich all das nicht,

ich lass es trotzdem hier so stehen.

Als Zusatzstoff

ist Dinatriumhydrogenphosphat erlaubt,

weil ohne diesen Stoff sähen

die gefälschten Pommes aus

wie in Streifen geschnittene

getrocknete Kinderkacke.

Hellgelb-beige und lätschert,

und niemand würde sie kaufen oder essen.

Was natürliches Rindfleischaroma

aus hydrolysiertem Weizen und

hydrolysierter Milch

in den McDonald's Fritten zu suchen hat,

ist ganz leicht erklärt:

Früher wurden die Pommes in Rindertalg

statt in Pflanzenöl frittiert –

um diesen Geschmack weiter beizubehalten,

glich man mit zugesetztem

Rindfleischaroma aus.

Wem jetzt noch nicht schwindlig oder übel ist,

der höre weiter zu und kotze nicht.

Natriumhydrogenpyrophosphat,

der schon erwähnte Stoff, der verwendet wird,

um die Farbe der Pommes zu erhalten,

ist ein ganz besonderes Mittelchen,

vor dem sogar seine Hersteller warnen.

Die chemische Industrie listet in ihren

Sicherheitsdatenblättern
den Stoff als gefährlich auf,
natürlich nur,
"falls es zur Aufnahme des Stoffes" kommt.

Natriumhydrogenpyrophosphat verursacht
Entzündungen und kann
bei übermäßigem Verzehr
zu einem erhöhten Blutphosphatspiegel führen,
der wiederum zur Osteoporose beitragen kann.
Also, falls ihr das Zeug in Mengen esst,
meine Lieben,
kann es gefährlich sein, muss aber nicht.
Wenn ihr es nicht esst, passiert euch gar nichts,
wir erklären dies hier ausdrücklich
und unter notarieller Beglaubigung,
esst ihr es nicht, kann es nicht schaden euch.
Ich wette, die wenigsten Pommes-Junkies
wissen das oder wollen es überhaupt wissen.

Ich fragte daher,

um dem auf die Spur zu kommen,

ein paar fettgefressene Teenager,

die grad ihre Pommes rotweiß mampften mit

hörbarer Gier.

"Wo, glaubt ihr, kommen diese Dinger her?

was glaubt ihr wohl, ihr Teenage-er?"

„Vom Pommesbaum natürlich,

du dummer alter Mann",

so schrien sie und lachten mich sehr aus.

Für sie war klar,

dass ich nichts wußte

und dumm war wie 'ne Laus.

„Nichts weiß er, der alte Sack.

Vom Pommesbaum natürlich,

du elend blöder Lackel,

da werden sie gepflückt

im schönen Land Amerika;

anschließend hergeflogen mit dem Flugzeug,

aufgewärmt in diesem guten Fett,

zu unserem Essvergnügen;

auf dass wir werden groß und stark.

Alter, dass du das nicht weißt,

das finden wir schon ziemlich arg.

Drum verroll dich jetzt, unnötiger Wicht

und frag uns nicht solch blöde Sachen,

sonst hast du gleich nichts mehr zu Lachen."

Und dann sangen sie dieses Liedlayn:

„Kommt pflücken wir vom Pommesbaum,

denn diese Pommes sind ein Traum;

sie schmecken zwar nach Fugenschaum,

doch sie sind frisch und knusprig

wie sie sollen sein;

die schieben wir in die Wampe rein.

Yeh yeh yeh und wer uns das nicht gönnt,

ist unser Feind, schwer verklemmt

und kriegt eins kräftig auf die Fresse.

Weil nämlich, sagen wir's ganz klar,

es geht dich gar nichts an, was wir so esse."[4]

03 02 2020

---

4 Zutatenliste aus: https://www.stern.de/genuss/essen/mcdonald-s-und-seine-zu-satzstoffe--das-steckt-alles-in-den-pommes-3463774.html und https://www.kon-junktion.info/2014/11/mcdonalds-pommes-frites-bestehen-aus-12-verschiedenen-zutaten/

08 Die Bakschierlichkeit

Wer eine Frau bakschierlich[5] nennt,

will nicht,

dass sie um ein Bakschisch rennt.

Eine Bakschierliche

ist eine Frau,

die an Bakschisch

null Interesse hat;

Sie gibt vielleicht ein solch's

einem armen Strolch.

Hat ein Herz

für bettelnde Kinder,

ausgesetzte und gequälte Tiere.

---

5 Den Ausdruck bakschierlich habe ich zum ersten und einzigen Mal von meiner Freundin Lieselotte gehört. Möge dieser Text auch eine Hymne auf unsere Freundschaft sein.

Nie würde sie ein Bakschisch nehmen,

im Gegenteil,

sie nähme es sehr krumm,

wagte ein Mann,

ihr dieses vorzuschlagen.

Sie ist, um es sehr klar zu sagen,

niemals eine Frau von der Sorte,

die vor Luxusgeschäften

stehen bleibt und brüllt:

"Forse ai un piccolo regalo per me?"

Oder eine von der Sorte,

die in gut-bürgerlichen Bars in Hietzing

ungeduldig „ich will ficken" schreit,

so dass sich die Bartender

mit bleichem Gesicht

und angstschlotternd

hinter der Theke verkriechen.

Bakschierlich,

das ist etwas anderes:

anmutig, charmant, good looking

und ein Spitzen-Fahrgestell.

HC Artmann und Peter Wehle sagen:

„Bakschierlich nennen wir eine Frau,

die hübsch und gut gebaut."

Die Anmut fehlt hier,

denke ich mir kritisch.

Anmut ist es,

die Bakschierlichkeit bewirkt.

Die Schönheit der Seele,

ohne die auch

die allergelungenste Konstruktion

des weiblichen Körpers

wird rasch leer und hohl.

Die Anmut ist angeblich

eine Erfindung

der antiken Griechen und Griechinnen.

Anmut wurde verkörpert damals

in ihrer dreifachen Bedeutung

als *charíeis* (lieblich, angenehm),

als charízesthai (sich freundlich zeigen),

alschárin eidénai (Dank abstatten)[6].

Man könnte vermuten,

dass die Griechen unter anmutig

etwas völlig anderes verstanden,

und Frauen eher nicht.

Vielleicht ist Anmut

nicht ganz passend für die heutige Zeit?

Die Bakschierlichkeit der Wiener Frauen

kannten die antiken Menschen nicht,

wie auch sollten sie?

---

6 Die Übersetzung ist von Christian Schreibmüller, Quelle: wikipedia

Ist doch diese Form der Frauenexistenz

eine genuin urbane,

wie ich beton mit Vehemenz.

Die Griechen hatten,

außer in ein paar größeren Städten,

großteils Hirten- und Bauernmädchen,

Sklavinnen sowie Knaben

zum sexuellen Zeitvertreib.

Das Spektrum der Eigenschaften

einer Lady,

die bakschierlich

genannt zu werden würdig ist,

wäre unvollständig, wenn man Folgendes

nicht bedenkt oder erwähnt:

bakschierlich ist:

ein klares Selbstbewusstsein,

ohne laut zu sein;

ein bisschen schalkhaft, aber nicht zuviel;

leichtsinnig schon,

aber mit Kalkül.

zusammenfassend lässt sich sagen:

mit Bakschisch sind sie nicht zu locken,

die Bakschierlichen der Wienerstadt.

Wenn überhaupt von Locken

die Rede sein kann,

dann sollte ein höherer Betrag

im Jackpot sein,

um ihre Leidenschaft zum Spiele anzufachen,

zu kitzeln ihre Lust am Risiko;

die Bakschierlichen, die sind halt so.

Um ihre Herzen zu erobern,

muss Mann mehr tun als sie loben

mit Versen geschüttelt,

gereimt oder auch nicht.

Das ist nicht genug,

doch mehr ist manchmal auch zu wenig.

Nur wer's mit Humor nimmt

Und Gelassenheit,

hat Chancen,

zu sein der Bakschierlichen

Prinz und Kenig

21 11 2019

09 Männer - ein Ratgeber

Charles Bukowski,

der Meister der knappen Formulierung,

bringt in seinen Texten

die Verhältnisse präzise auf den Punkt.

zehn Zeilen von ihm ersetzen manchmal

tausend Seiten Philosophengeschwafel;

von Sexualwissenschaftlern

möchte ich nicht reden.

Das Folgende las ich von Buk heute:

„Also schau, sagte sie und rekelte

sich auf dem Bett, ich will nicht,

dass es was Persönliches wird –

wir machen es einfach,

ich will mich nicht auf was einlassen, kapiert?"[7]

---

7 Charles Bukowski „Ein lausiger Abend in Vegas"

Er stand da und sagte: „Sicher.

Wir können ja so tun, als hätten wir's

schon gemacht.

Weniger kann man

sich nicht einlassen, oder?"

„Wir können ja so tun,

als hätten wir es schon gemacht."

Dieser Satz verdient mehr Beachtung

im Waffenklirren des Geschlechterkampfs.

Zusätzlich las ich in einem schlauen Männerblog

mit dem zentralen Thema

wie krieg ich eine scharfe Schickse in mein Bett?

Die folgenden Ratschläge,

die zu befolgen seien,

wolle man ne geile Shiksah freien.

Erstens:

Mann darf Frauen bloß nicht spüren lassen,

dass Sex mit ihnen würd' ihm passen.

Wurschtigkeit sei angesagt

und ratsam diesbezüglich,

dann werde ihre Lust

und ihr Ehrgeiz angezündet

und angestachelt gleichermaßen.

Der Ehrgeiz nämlich,

die erlittene Schmach zu tilgen,

wird dann angeblich äußerst dominant:

„Was, der will mich nicht, der blöde Stoffel?"

Diese Schmach, sie wird dann

ausgewetzt sogleich

im wahrsten Sinn des Wortes;

mit einem koitalen oder koitiven Zapfenstreich.

Ich weiß nicht, ob das wirklich stimmt,

ich habs nie so gemacht, als ich jünger war,

das waren andere Zeiten, andere Sitten.

Zweitens:

Das stand in diesem Ratgeber nicht so drin,

ich füg es einfach frech hinzu

und behaupte, es macht Sinn:

Wenn dein Schwanz stark riecht

nach deinem Sperma

und dem Pussysaft der Frau,

von der du grade kommst,

dann sind die Damen gröblichst angestachelt

und schnaggseln bis zur Ohnmacht Dich.

Drittens:

das wieder turned sie heftig ab:

Wenn du hast grad keine andere Dame

zu teilen mit dir die Lagerstatt,

so glauben sie: „den will ja keine!"

„da mach ich doch nicht breit die Beine!"

Monogamie ist also

nicht nur mühsam sowieso,

sondern auch abträglich für die Libido.

Das Folgende ist auch nicht schlecht,

um zu reüssieren mit einer Dame

auf der Pritsche weichem Lager:

Viertens:

Mann sagt, ich bin schwul,

du kannst ruhig mitgehn,

mit dir budern

das interessiert mich nicht.

Da tritt vermutlich wieder

der Damen Ehrgeiz in den Ring,

schließlich wollen sie gern,

dass es bei ihnen klingelt

und sie sehen Stern.

„Ein schwuler Mann, den schnapp ich mir.

Wir wollen sehen, wer hier siegt, I oder I?"

Natürlich ist es sie,

da wett ich was,

sie lässt sich nicht entgehn den Spass,

rubbelt ihm einen

nach besten Kräften

und labt sich

an des Samens Säften.

Fünftens:

fürchten soll Mann sich vor Frauen

besser nicht.

Angst turned sie ab, sie spüren das.

So du solch Gefühle zeigst,

halten sie dich schlicht

für einen eierlosen Wicht.

Sie lachen sich eins über dich,

indem sie die Pussy immer höher hängen,

dass du nie herankommst

an des Paradieses Pforte.

Ein unwürdiges Spiel kann das werden leicht,

und sei die Pussy noch so feucht,

sie verweigern sich

dem gemeinsamen Verkehre,

als sei es eine Frauenehre,

sich rar zu machen diesbezüglich,

sie halten dich für blöde.

Pussy Power game wird dies geheißen,

sich darauf einzulassen,

sollte Mann immer vorsichtig vermeiden.

gewinnen wird hier nur die Frau

trotz vorherrschendem

patriarchalischem Überbau.

So kann es sein,

doch manchmal auch ganz anders.

zum Schluss sei noch

eine alte Waldviertler Bauernweisheit

für die Nachwelt festgehalten:

„A Fut und a Fliagn san schwar zum kriagn,

Und warad die Fut a Fliagn,

Warad's no schwarer zum kriagn."

01 12 2019

10 Techtelmechtel

Die Techtel sagt zum Mechtel:
„Mechst net heit amoi
Kumman zu mir?
eine scharfe lecker Speise
werde ich bereiten Dir."

Der Mechtel ist a schichtern Bub,
und traut sich nicht so recht;
er ist auch klug
und sagt zur Techtel:
„Mechten dad i scho,
aber ein Techtelmechtel,
das will ich nicht, ich sag es dir."
Drum wird's mit deiner scharfen Speise
Vorerst mal nichts,
dazu bin ich viel zu weise.

Die Techtel gibt nicht auf

und spricht munter weiter,

so nimmt das Schicksal seinen Lauf.

Sie sagt: „mechtest net murgan kumman

doch zu mir?

auf a Hupferl-Schupferl

glei do hinter meiner Tür."

Da dämmert es dem Mechtel,

dass er was verpasst,

wenn er sich verweigert diesem Spass.

Er nimmt die Techtel bei der Hand,

und eini geht's mit Vuigas

in das paradiesisch Land.

Dem Mechtel gefällt das Hupferl-Schupferl

mit der Techtel durchaus sehr,

er ist fortan

nicht so furchtbar schichtern mehr,

weil er nun weiss, welche Freud' und welche Wonne

Nur eine Frau kann verbreiten

unter dieser Sonne.

21 12 2019

11 Reisen in Wien

Also na ja,

ich bin durchaus für Reisen.

Wenn ich nach Kroatien oder Serbien will,

setze ich mich in der Steinbauergasse

ins Kaffeehaus.

Wenn ich nach Istanbul will,

fahre ich in die Hütteldorferstraße.

Alles mit Monatskarte der Wiener Linien;

höchst komfortabel

und außerdem freundlich zum Klima.

Alles zusammen plus ein bisschen Afrika

gibt es in der Gudrunstraße und der Hasengasse.

Morde wie in Chicago hatten wir in Währing.

Da soll noch jemand sagen,

Multikulti ist Mist.

23 07 2019

12 Die Lockungen der Frauen

Wenn Frau lockt mit ihrer Pussy Säften,

bemüht sich Mann nach besten Kräften,

dorthin zu gelangen,

wo er einst schwamm.

Unter Wasser wie ein Aal,

wand er sich durch den Geburtskanal.

Im reiferen Alter,

soviel ist sicher,

interessiert der umgekehrte Weg ihn mehr:

Einzudringen in der Lust barockes Schlösschen,

den Ursprung seiner selbst und auch der Welt

zärtlich und heftig zu beknuspern.

Die Damen, die uns schenkten hier das Leben

durch ihr Lust- und Lebenswerkzeug

zu beglücken durch ein inneres Beben,

das war und ist sein eifrig Streben.

Manch eine tat gern den Gefallen ihm,

Zu öffnen ihr barockes Schloss.

Andere wiederum zogen es vor,

Männersex mal wegzulassen

und ihr inneres Entzücken

nicht auszuleben

auf des Mannes Rücken,

sondern flugs mit Fingerlein

und anderer Mädchen Züngelein,

sich heftig an sich selber zu ergötzen.

Ein Mann lässt sich davon nicht verletzen,

denn nicht Missachtung ist's des Mannes Kunst,

die bewirkt, dass Frauen

sich um Frauen kümmern;

sondern das hat ganz andere Gründe:

Die Ungeschicklichkeit und Schüchternheit

und Rohheit vieler Männer

sind für diese Praktiken der Grund.

Angesichts des Ursprunges der Welt

Überfällt oft eine gewisse

Scham und Unsicherheit

des Mannes Geist,

weil er mangels einschlägiger Erfahrung

mit diesem wunderbaren Dings

nicht richtig umzugehen weiß,

und dadurch statt des inneren Entzückens

bei dem Subjekte seiner Lust,

durch sein ungeschicktes Rumtun

nur erregt der Frauen Frust.

06 11 2019

13 Lesbos sehen und sterben

Die Insel mit dem schönen Namen

der Frauenliebe

wird zur Todesfalle

für Menschen, Brüder, Frauen, Kinder,

die nur knapp dem Tod entronnen;

vor Krieg geflohen,

vor Hungersnot und

politischer Verfolgung.

Nun sind sie im Lager eingesperrt,

das hingerotzt für tausend Leute,

doch dafür schon zu klein und unmenschlich.

zwanzigtausend sind in Moria

zusammengepfercht wie Kakerlaken,

als ob sie keine Seele hätten

und dieses Verbrechen sich nicht

rächen würde bis ins zehnte Glied.

Das heuchlerische europäische Gedankengut

von Humanität und Menschenrechten,

von der Zivilisation an sich,

die hier angeblich erfunden wurde,

ist vor der ganzen Welt

unter zynisch-höhnischem Gelächter

bloßgestellt und zerschmettert.

Entlarvt, als das,

was es schon immer war:

ein Vorwand für die ärgsten Kolonialverbrechen.

Den gnädigen Schleier gibt es jetzt nicht mehr,

der die Ausbeutung und Schräglage

im Inneren Europas

dezent verdeckt und verbirgt

hinter einem Nebel von zusamenhanglosen und

unverbindlichen Leerformeln und Wortkaskaden,

Petitionen, Resolutionen,

Initiativen, Konferenzen,

ergebnislos seit Jahrzehnten schon.

Wo sind diejenigen versteckt,

die für dieses Unrecht und die Schande, nein!

diese Verbrechen die Verantwortung tragen?

die Papiere unterzeichnet,

Anweisungen und Befehle gegeben haben?

Wo sind die Mengeles, Eichmanns,

Heydrichs und Himmlers von heute,

die diese Konzentrationslager errichten

und betreiben?

Wo sind die großen Bosse?

die das abgesegnet, abgenickt,

genehmigt haben?

so wie Hitler die KZ's.

Diese verantwortlichen Männer und auch Frauen
Bitte ich auf die Anklagebank!

erklärt uns,
wie ihr es angestellt,
so bei eurer Arbeit zu versagen?
so kläglich und unsäglich abzuschmieren,
bei der Aufgabe,
für ein paar tausend Leute
ein Dach, Wasser, Strom und Essen
sowie Ärzte zu organisieren?

Warum habt ihr Tötungslager gebaut?
Und nicht Städte zum Leben?
wo die Neuen arbeiten, schaffen,
Zukunft bauen können?

Warum sperrt ihr sie in Lager?

Und tötet sie?

Und fühlt euch nicht mal schuldig,

sondern protzt als wie,

wieviele Milliarden ihr

jährlich in den Grenzschutz buttert.

wieviele Milliarden für Vorbeitrittsbeihilfen,

Bestechungsgeld für Diktatoren

ihr hinausgeschmissen habt

ohne Hirn und ohn' Verstand.

Also, tretet vor uns hin, ihr elenden Versager!

aber schwätzet nicht so viel herum,

sagt die Wahrheit,

denn dies ist ein Gericht!

ihr werdet nach erfolgter Beweisaufnahme,

die nicht Jahre dauert, sondern Stunden,

dem Haftrichter vorgeführt

und dem europäischen Generalstaatsanwalt.

Die entscheiden schnell:

„schuldig des tausendfachen Mordes!

durch unterlassene Hilfeleistung,

billigende Inkaufnahme von Krankheiten,

Sterben, Leiden, unermesslich!"

das alles absichtlich-unabsichtlich

durch Pflichtgefühl und Pflichtvergessenheit

gleichzeitig, ganz egal.

Dummheit, Nichtwissen, Phlegma

schützt vor Strafe nicht.

Ab dafür, stellt die Versager an die Wand,

und ihr, Soldaten, richtet die Gewehre

auf Kopf und Bäuche dieser Satanssöhne

und Teufelstöchter![8]

15 04 2020

---

[8] Das ist kein Plädoyer für die Todesstrafe, sondern eine Metapher für strenge Bestrafung

14 Mehr digital

Ach wie leicht wärs doch
und ganz ohne Qual,
wär der Mensch mehr digital.

Ein Antivirenprogramm
auf die Festplatte kopiert
und das Corona-Virus
hätte nichts zu lachen;
könnte keine weltweite Panik
mehr entfachen.

Einfach so ein Programm ins Hirn,
geschützet wäre unsre Birn
vor den kleinen tumben Virn,
die planlos durch die Lüfte schwirrn.

Verrollt euch rasch,

ihr tumben Geister

euer Werk ist Scheibenkleister!

der digitale Mensch vertreibt euch schnell

mit seinem Antivirenmodell.

nimmst du das nicht, so sei gewiss,

dass du dich in Gefahr begibst.

bist du auch im Geiste schlicht,

Sei still und nimm dies Programm sofort!

von Kaspersky ist's, schnell wirf es an!

dass du ab jetzt geschützet bist!

Vor dem Corona-

und auch Zeckenbiss,

sowie anderen Viren.

Klar – gegen Aufpreis,
du hast hier die Wahl.

Ach wie leicht wärs doch
und ganz ohne Qual,
wär der Mensch mehr digital.

14 03 2020

15 Ein B mit arsch ist ein Barsch

Ein B mit arsch ist ein Barsch, ein Fisch;

Ein K mit nall ist ein Knall,

Ein P mit eng ist ein Peng, auch ein Knall;

Ein K mit naller ist ein Knaller.

entweder man ist einer oder man hat einen;

eine Zi mit bebe ist eine Zibebe,

eine Zi mit ege eine Ziege.

Ein H mit und,

das ist ein Hund;

ist B mit unt,

dann wird's zu bunt;

Ein Sch mit und wird leicht ein Schund,

und hat das H ein eftel,

Dann wird daraus

ein Schundheftel.

Bevor das jetzt zum Sch und Heftel wird

Zieh ich mal die B mit remse

Und fahre hurtig um die Sch mit reamse

und mache mich vom Acker,

ich bin bin kein Korinthen-

und schon gar kein Zibebenkacker;

Rosinenpicker,

Lustersticker.

Was'n das nu?

isser kirre oder hat er bloß nen P mit ascher

und nen H mit uscher,

einen Pascher und einen Huscher,

einen großen.

Tausend Rosen

22 07 2020

16 Ullmannstrasse 1150 Wien

Die Ullmannstraße war

vor gar nicht allzu langer Zeit,

so fünfzehn, zwanzig Jahre,

schätze ich mal grob,

die Heimstatt von zwei guten Puffs:

Babalu Bar und Melodie Bar,

keine 50 Meter voneinander entfernt.

Dazwischen war das Sloppy Joe's,

wo man sich vor oder nach

dem Vergnügen stärken konnte

mit gegrilltem Fleisch,

Ketchup und Pommes.

Auf diesen wenigen Metern
warteten konzentriert und willig
mehr als 30 Damen,
zu sein dem Mann zu Diensten
mit professioneller
Liebenswürdigkeit.

Fand sich in der Melodiebar
kein passend Gegenüber,
schaute man in die Babalu Bar
ein paar Schritte weiter.
Auch diese Damen,
waren äußerst kundig
in allen Arten der internationalen
sexual-hygienischen Dienstleistung.

Neulich ging ich am frühen Morgen
durch die Gegend in der Ullmannstraße.
Ich weinte fast: beide Puffs geschlossen,
Schluss mit den Damen.

keine Oase weit und breit.
So ist jetzt die neue Zeit,
die Männchen dieser schönen Stadt
Gehn jetzt zum Therapeuten statt in Puff
und machen sich nen Lenz im Yoga Kurs.

Beide Puffs geschlossen, beide!
Statt dessen ein Therapiecafe,
ein Migranten-Cafe,
ein Mutzenbacher-Pub
ohne Mutzenbacherinnen.

Ein Yara Cafe nur für Mitglieder

und geschlossen.

Welch eine Qual!

Dutzende Physio-, Psycho-, Lebenshilfe-

und Massage-Coaches

und sonstige gut-bürgerlichen Dienste.

So ist jetzt die Wirklichkeit,

keine Oase weit und breit,

die Männchen dieser schönen Stadt

gehen zum Therapeuten statt in Puff

und machen sich nen Lenz im Yoga Kurs.

Weil es gibt nichts Peinlicheres

als von der holden Angetrauten

Morgens um halberfünfe

zeternd aus dem Bordell geschleift zu werden,

weil sie durch das Studium des Smartphones

und der Creditcard-Rechnungen

auf den Meter genau weiß, wo du bist,

was du tust,

und wieviel ne Nummer kostet;

und sie dem Manne gar nicht gönnt

die kleine List,

zu entrinnen ihres Sexes Öde.

Zugegeben:

Eine solche Szene ist entsetzlich blöde,

auch Respekt man rasch verlöre

bei den Damen des Gewerbes und sich selbst.

Nein, es war es nicht immer klug,

so manchen Tausender zu verprassen

für Schampus und die schnelle Nummer

mit freundlichen und kundigen Damen

aus Polen, Tschechien, aus Ghana, Russland;

die dominikanische Republik nicht zu vergessen!

Einerlei, es war ein Spaß

und könnte es noch immer sein,

wär' die Gentrifizierung nicht so gemein

und böte außer Rucolasalat

nicht auch den Therapeutenstaat.

Das ist nicht so meins,

wie man versteht.

Zu meiner Physio geh ich nicht wegen dem Sex,

sondern wegen der linken Hand.

Damit ich mit dem Piano besser wer'

und das Üben fällt mir nicht so schwer.

Nach einem zweiten Ausflug in die Gegend,

ebenfalls am Morgen, heute vormittag,

elfter dritter zwotausendzwanzig,

muss ich meinen Eindruck

von der Gentrifizierung präzisieren.

Die Gentrifizierung ist eher eine Islamisierung,

falls man das noch unter diesem Begriff

fassen kann und nicht besser

Verslumung sagen sollte.

Beides läuft parallel, weil in die Slums

die ärmsten Menschen zuwandern,

und die sind meist sehr religiös.

Sie können jedoch gar nicht arm genug sein,

um nicht sofort islamische Privatkindergärten

und private islamische Realgymnasien

zu gründen,

in denen das Personal

von der Gemeinde Wien bezahlt wird.

Obacht jetzt, no racism, no bullshit,

no islamophobia,

Plappern ist nicht angesagt.

Der Anblick vom jetzigen Zustand[9] sagt

mehr als tausend Worte.

---

9 Es gibt eine Fotodokumentation, die ich hier nicht abdrucke, man schaue sich die Ullmannstraße selber an.

Eine kleine

very short and interesting story

sei euch zum Schluss nicht vorenthalten:

Ich mache Fotos von einem Schild

„Sei fair im Park"

im Ignaz Kuranda Park.

Da kommt ein Jungstar aus dem Morgenland

ganz aufgeregt auf mich herzugerannt:

„was du fotografieren? alter Mann?

nicht unsere Frauen!

das ist streng verboten!

lösch die Fotos, aber schnell!"

Ich sage zu ihm:

„Wenn du glaubst,

du bist jetzt kleines Chefe

hier im Park,

dann rede ruhig weiter,

aber nicht mit mir."

Ich ging dann meiner Wege

und ich sah mit Schrecken,

Sloppy Joe's

Doesn't cook

in Ullmannstraße anymore.

Das Lokal ist

zu Erdgeschoß-Wohnungen umgebaut

von unkundigen Bastlern.

Ich sehe „Therapie-Cafe 1.0"

statt schneller Nummer,

das verursacht großen Kummer.

Nichts gegen Psycho-Schrauber,

Seelenklempner, Shrinks und alles das,

allerdings würde ich für eine Analyse

Nicht ins Psycho-Cafe gehen,

sondern mir statt dessen

lieber den Hitchcock Film ansehen.

Abends ein Pub mit Namen Mutzenbacher

ohne Mutzenbacherinnen.

am Eingang steht tatsächlich,

dass sich keiner täusche:

„Nein, das ist kein Puff."

Da wird mir dann ein bisschen übel,

ob so viel Prüderie und Heuchelei.

Ein paar Schritte weiter

die nächste Psycho-Klitsche

mit dem Slogan:

„Sag mir, woher du kommst und ich sage dir,

wie weit du es schaffst."

Das steht groß am Fenster,

die Sozialpädagogik hat

die Straßenlokale übernommen

und verbreitet ihren miefigen Dunst

Von zynischer Romantik und Gutmenschentum.

Das bringt den stärksten Opi um.

Die Firma nennt sich „Sindbad Social Business",

ein Mentoring Programm

für junge Leute,

die sich in der Schule schwertun.

Das sind sehr viele, wie wir wissen;

weshalb bei Sindbad Social Business

sieben Akademiker-Vollzeitjobs

über diverse Vereinskonstruktionen

von der Gemeinde Wien finanziert werden;

die Mentoren sollen allerdings gratis arbeiten,

wie ich erfuhr, als ich meine Dienste anbot.

Ein schlaues Geschäftsmodell,

ich war beeindruckt,

mit welcher zynischen Konsequenz und Chuzpe

zivilgesellschaftliches Engagement

von diesen Grünschnäbeln verhöhnt wird.

Abschließend sei festgehalten:

Von Seiten der Gemeinde Wien wurde erkannt,

dass sich in diesem Viertel

erhöhte Vorsicht lohnt;

Sozialarbeit, Bildungsarbeit,

alles nur zu schätzen,

Erfolge werden zu beobachten sein;

ein Modell zum anderswo anwenden

ist das wahrscheinlich nicht.

Trotzdem good luck beim Kampf

gegen die Kräfte des urbanen Verfalls.

Möge die Übung gelingen,

es wäre ein Trost.

„Na denn Prost!"

31 03 2020

17 Rucola ist ein Mittelschicht-salat

Rucola ist ein Mittelschichtsalat,
das war eine Überschrift im
SPIEGEL Nr. 52 vom 21.12. 2019.
Eine Art Reportage von einem
Herrn namens Ansbert, ja, Ansbert.
Kneip so war sein zweiter Name.
In diesem Intelligenzblatt
für die deutsche Mittelschicht
stand das so tatsächlich drin,
Seite zweiundvierzig.

Ich fragte mich dann klarerweise:
„Was ist der Unterschichtsalat?
Kartoffel-, Bohnen und auch Kraut?
vor denen es den Mittelschichten graut?"

Und der Oberschichtsalat, was wär das dann?
Orchideenblättchen eingelegt in
Moet et Chandon?
Oder feine Fliegenpilzscheibchen
schwimmend in mit Goldflankerln
aufgemotztem Selterswasser?

Nicht lachen bitte,
der Fliegenpilz ist gar so giftig nicht,
isst man nicht zu viel davon.
Das wäre selbst für die Oberschicht
bei den Preisen für diesen Salat
kaum zu stemmen, behaupte ich.

Zwei Scheibchen Pilz,
zwei Esslöffelchen Wasser,
golden funkelnd in der Tasse.

Siebenundneunzigachtzig –

Euro wohlgemerkt,

nicht Lire, Schilling, Kronen, Kuna

oder irgend so ein Plastikgeld.

Da wird selbst der Oberschicht

schwummrig leicht,

sie packt es nicht.

Wie auch immer ihr das seht,

ob Unter-, Mittel-, oder Oberschicht;

Ob Normal-, Unter-, oder Übergewicht;

ob Gutmensch oder Bösewicht,

verschlingt die Chose und beschwert euch nicht.

andere haben nichts zu beißen

und ihr tut euch wegen so was

aufregen und völlig unnötig

ständig anscheißen.

Zu diesem ganzen Blödsinn

passt jetzt noch was Ernstes,

sonst fragt man sich,

was das denn soll?

und warum ich es schrub auf dies Papier?

In Deutschland,

ich zitiere wieder Ansgar Kneip,

werden pro Jahr zwölf Millionen Tonnen

Lebensmittel weggeschmissen

und landen im Müll.

Obst, Gemüse, Brot, Käse, Wurst,

Zuckerl, Kekse, Mehl, Gries, Maismehl, Stärke,

Salz wohl eher nicht;

ach was, auch das kommt weg,

wenn es nicht mehr rieselfähig.

weg mit dem Zeug, es wächst ja alles wieder.

Mit Glyphosat, Phosphor, Stickstoff und Natrium

bringen wir die Erde um.

Was übrig bleibt,

wird weggeschmissen.

Rucolasalat für die Mittelschicht;

Kartoffel- und Krautsalat der Unterschicht.

Für die Oberschicht Orchideenblättchen

oder ein paar Pilzescheibchen,

mit und ohne Sahnehäubchen.

Macht euch bereit,

zu essen ohne schlecht's Gewissen,

auf die Ökosphäre ist schon längst geschissen.

14 01 2019

18 In der Bim da ist was los

Vorweg ein paar Zahlen:

Wir sprechen bei den Wiener Linien

nicht über eine Bastler-

und Schrauber-Klitsche.

Das Unternehmen

hat 8600 Mitarbeiter

und erbringt täglich 2, 6 Mio Fahrten,

gemeint ist wahrscheinlich: „transportiert täglich

2, 6 Mio Fahrgäste."

Nun wollte ich noch etwas

über die Investitionen wissen,

die in U-Bahn, Straßenbahn, Busse und andere

Verkehrsmittel fließen.

Zu dieser Frage fand ich nur
Verwunderung und Ablehnung
von den Telefonfräulein.
Ich wünschte eine Nummer zu haben[10],
wo ich das fragen könnte,
aber sie gewährten mir
diese Nummer lange nicht.
2019 finanzierten die Wr. Linien Investitionen
in den Neubau von 250 Mio Euro.

Insgesamt handelt es sich um jährliche Investi-
tionen von rund 900 Mio Euro
für Bauten, technische Ausrüstung,
rollendes Material, Instandhaltung.

---

10 Das ist von Kurt Tucholsky abgeschaut

Das ist alles inkludiert in dieser Zahl,

man kann es aber nur vermuten,

Genaues darüber ist nicht öffentlich.

Also hier ein Loblied auf die Wiener Öffis:

Da neulich in der Bim,

da war was los,

vor mir steht ein Opa,

hält sich 'nen Döner an sein Ohr,

ich frag ihn: „He Alter, sag,

was hörst du dir da an?"

Er antwortet heiter und beschwingt:

"Das 'Schweigen der Lämmer"[11]

steht auf dem Programm."

---

11 Die Idee ist von einem mir unbekannten Menschen, der das in einem Chat mit Melamar poetry auf Facebook gepostet hat. Ich hab es ein bisschen ausgeschmückt.

Das hör ich mir immer

In der U-Bahn an,

ist nicht so laut

und stört so keinen.

Ich dacht', ich krieg nen Hämmer,

Ist der Alte kirre oder

Schlicht belämmert?

Oder verarscht mich der am End ?

Nen anderen Knallkopf

seh ich gleich als nächstes

Ein tätowierter NAFRI[12]

---

12 Für jene unter Ihnen, die keine deutschen Zeitungen lesen und daher das Kür-
zel NAFRI nicht kennen: NAFRI ist ein Audruck, den die deutsche Polizei für
„Nordafrikanische Intensivtäter" eingeführt hat. Das sind Zeitgenossen, die auf il-
legalem Weg nach Deutschland kommen, häufig mit einem zweistelligen Vorstra-
fenregister in ihrem Herkunftsland und sich in Deutschland unredlich bemühen,
dieses Register zu vergrößern. Sie verachten aus verschiedenen religös-kulturel-
len Gründen oder einfach, weil sie Kriminelle sind, das Rechtssystem des Gast-
landes, sie spotten über die Milde und Sanftheit der deutschen Polizei- und Straf-
verfolgungsbehörden. Diese Charakterisierung kann in diversen Reportagen des
SPIEGEL im Detail nachgelesen werden. Ich finde NAFRI für solche Personen
trotz des sogleich verhängten politischen Unkorrektheitsbannes und Rassismus-
verdachtes sehr passend. Im übrigen gilt für diesen NAFRI selbstverständlich die
Unschuldsvermutung. Außer dem Delikt „versuchte gefährliche Drohung unter
Einsatz eines Kampfhundes." Und klar ist es rassistisch, wenn ich diesen NAFRI
hier als NAFRI bezeichne.

mit American Staffordshire,

Amstaff in eingeweihten Kreisen.

Geschätzte Schulterhöhe Hund

50 bis 60 cm,

Gewicht Hund ohne NAFRI

ca. 40 – 50 Kilo

Der Hund ist ohne Beißkorb,

hat Zähne wie 50 Messer.

Der NAFRI sitzt auf dem

für Ältere, Schwangere,

und Mütter mit Kindern

reservierten Sitz.

Wo auch sonst?

es war kein Platz für ihn und seinen Köter.

Ich sage zum NAFRI ruhig und ganz nüchtern:

„Wenn Sie mit dem Hund U-Bahn fahren,

müssen Sie ihm einen Beißkorb anlegen."

Der NAFRI grinst mich an,

sehr unverschämt und überlegen.

Ich frag ihn danach etwas lauter:

„Haben Sie verstanden, was ich gesagt habe?"

Der NAFRI sagt: „Des is mir wurscht!"

Ich darauf: „Dann müssen Sie zu Fuß gehen."

Er: „Kann ich sofort machen."

Und greift nach dem an der Leine

angehängten Beißkorb,

„und dann geb' ich Dir Watschen."

Ich, immer noch ruhig, denke mir:

„Das wird ja immer interessanter,"

schaue aber vorsichtshalber

nach Notknopf und Notbremse.

Verprügeln lassen

will ich mich

Von dem NAFRI nicht.

Stelle allerdings sofort fest,

wenn ich die Notbremse betätige,

gibt es mindestens 50 Verletzte,

weil niemand sich festhält,

das kommt also nicht in Frage.

Der NAFRI legt seinem AmStaff

langsam den Beißkorb an,

dann stürzt er auf mich los,

er will offenbar

seine Watschen-Drohung wahrmachen.

Sein Hund hat auf dieses Zeichen gewartet

und springt bellend

und zähnefletschend auf mich zu,

ein Schädel wie ein zehn Liter-Eimer.

Ohne Beißkorb wäre ich

sehr wahrscheinlich

schwer verletzt Im AKH gelandet

oder gleich am Friedhof.

Gut, dass ich dem NAFRI

noch gesagt hab,

er soll seinem putzigen Hundsviecherl

den Beißkorb anlegen.

Sonst wäre mir geblieben

nichts zum Lachen.

Leider muss ich den NAFRI

unbehelligt ziehen lassen.

Ich möchte zwei Service Mitarbeiter

motivieren, mir zu helfen,

mit dem Kerl zur Polizei

gleich um die Ecke zu gehen,

um eine Anzeige zu machen.

Die Service-Leute fangen an zu zittern:

„wir sind da nicht zuständig."

Ich verzichte dankend

auf diesen Service.

Die demonstrative und aggressive

Verletzung der hiesigen Gesetze und Regeln

Durch dahergelaufene Ganoven,

Gauner, Kriminelle und Verbrecher

Muss genau so demonstrativ

Und selbstverständlich gestoppt,

und unterbunden werden,

wie sie begangen wird.

Ein Einzelkampf wie meiner hier

Ist allerdings nur leichtsinning,

wie ich im Rückblick

unschwer erkennen kann.

Der AmStaff hätte mich ohne Beißkorb

In aller Ruhe verspeisen können

Und die Knochen fein säuberlich

abnagen und

nebeneinander hinlegen in der U-Bahn.

Zur großen Freude

des NAFRI-Hundsbesitzers.

Ich war wieder mal ein bisschen forsch,

jedoch ich gebe zu bedenken:

Ein Druck auf die „Schnabeltaste"

der Notrufeinrichtung

hätte mich mit dem Fahrer verbunden

und der hätte eine für alle
unverständliche Durchsage gemacht.
Was hätte der sonst tun sollen?

Anhalten und nachschauen, was los ist,
ist in der U-Bahn
für den Fahrer nicht möglich.

außerdem wollen die Fahrer nicht
Sheriff spielen,
das ist nicht ihre Abteilung.
Daher musste ich dem NAFRI
das mit dem Beißkorb selber sagen.

Ja, in der Bim, da ist was los,
die Öffis sind oft kurios,
ein reichlich bunter Kosmos.
Mörder, Betrüger, Kinderschänder,
Vergewaltiger, Schläger, Nutten,

allerlei Gelichter

Gauner und Finanzverbrecher

NAFRI mit und ohne Hund

Rechtsanwälte, Richter, Fensterpuppen

Sitzen friedlich beieinander.

ertragen sich

ganz ohne Mucksen,

steigen ein, steigen aus,

wischen smartphones,

schreien rein:

pawuschni pawischni panimaesch?

Heast I geh einkaufen jetzt!

soll ich kaufen an Salat?

oder kommst heit wieder auch so spat

nach Haus wie gestern auch?

Dem Hapschi geht' das Geimpfte auf.

Zerebralhirnmäßig tilt,

schalt' er auf Durchzug wie auch ich.

Ein kleines Wunder ist es scho,

dass nicht mehr passieret do,

in U-Bahn, Bus und in der Bim.

Manchmal ist es ziemlich schlimm,

aber meistens doch

kommt man völlig unbehelligt

von hier zu einem andern Ort.

Und bewegt sich

elegantest fort.

Der Fehler ist die Ausnahm,

auch die Unterbrechung des Fahrdiensts

dann und wann,

Betriebsstörung wird freundlich das genannt,

ist höchst selten in der Wienerstadt.

Drum nehm ich sicher wieder

für die nächste Fahrt

die Öffis und es geht ois glatt.

30 01 2020

19 So isses, sprach Ulysses

So isses, sprach Ulysses

und schwamm weiter,

immer heiter.

Zehn Jahre war Ulysses weg,

die Freier wollten an den Speck

von seiner Süßen, die daheimgeblieben,

gewonnen bei einem Wettelauf.

Wo er als erster kam ins Ziel und als Trophä-eh

gab's dann die Penelope

für ihn, den Sieger dieses Laufs.

ein wahrhaft stattlich und auch göttlich Weib.

Freier hatte sie zu Hauf,

doch konnte keiner laufen so wie er.

Ihr zu entkommen als ein Eheweib,

das jedoch gelang ihm nicht,

er haute bald den Hut dann drauf

und suchte flugs das Weite.

Seine Reise dauerte zehn Jahre lang,

öfter war ihm angst und bang;

vor allem zwischen Scylla und Charybdis,

wovon letztere

ihm heftig in die Eier biss;

da schrie er laut oh weh und ach

Und schlug verletzt

sehr lauten Krach

und weinte in das Mittelmeer,

der Meeresspiegel steigt seitdem sehr.

Auf seiner langen Reise dacht' er oft an sie,

Penelope.

Ob sie ihm auch treue sei,

daran zweifelte er nie,

obwohl er wusste,

dass zwei Dutzend Freier

Wollten ihr beharrlich an die Wäsche.

Nach zehn Jahren war sie sicher,

dachte er flott so vor sich hin,

scharf als wie ein Schlachtermesser

Da gings ihm gleich und sehr viel besser.

Im Troja-Krieg war er ein Leader,

ein wichtiger siegreicher Krieger.

Worum's da ging,

weiß man nicht mehr so genau.

Ich glaub', sie stritten um 'ne Frau.

Nicht um Penelope, es war eine andere.

Helena hieß die stolze Schlampe,

sie war gewiss die erste #Metoo-Tante,

entführt und raped durch Paris,

den ruchlosen, ganz schlimmen Wicht,

er entging der Strafe nicht.

Indem er verursachte einen Riesenwirbel.

Ulysses kämpfte in Troja

mit gefeanzter List,

er war der Kerl,

der erfand das Pferd, das trojanische

und war weit erfolgreicher

als der Kickl[13],

dessen Pferde verursachten

nur unnötigen Wickel

und niemand konnte sich verstecken drin;

auch zum Reiten waren sie zu sehr hin.

Darum wurden zum Gumprecht sie gebracht,

am Meidlinger Markt als Leberkäse

den willigen Kunden

zum Brotbelag gemacht.

---

13 Herbert Kickl war von 2017 bis 2019 österreichischer Innenminister

Das Holzpferd des Ulysses hingegen
konnte die Trojaner zum Aufgeben bewegen.
Und diente anschließend noch als Heizung.

So nahm die Geschichte ihren Lauf,
die Evolution hält keiner auf.
Heut' wird geführet nicht ein Krieg,
beschwert sich eine Frau, dass sie unwillentlich
beschlafen oder gar
sexuell belästigt wird.

Es kommt der Bösewicht vielleicht in Knast,
wie wir gesehen an Harvey Weinstein,
allerdings nur fast.
Der Trottel ist ein armer Wichser,
der die Frauen zwingen musst,
zu Dingen, die jede Frau sonst freiwillig macht,
mit Lust und Stöhnen ohne Zwang.

Er kreierte eine Bewegung von Belang.

Statt laut zu rufen "#Me too",

übersetzt mit: „ich auch, bitte",

wie es üblich

vor den Taten dieses Blödmanns,

erlebt man jetzt Dinge, die betrüblich.

„Das Schwein hat mich am Arsch gefasst,

der Elende, man schneide ihm die Hände ab!

Und stelle an den Pranger ihn!"

mach' ihn an besten völlig hin!

Man ruiniere ihn sogleich.

Wäre Paris das passiert,

hätt die Menschheit keine Story von

Ulysses und seinen Listen,

Wie er pfählte Polyphem,

den einäugigen Riesen,

auch dies wäre nicht mehr möglich heute,

weil mit Behinderten

geht man nicht so rüde um.

Die Gesellschaft kürte ihn nicht zum Helden,

sondern zum Outlaw,

der nichts mehr hat zu melden.

Und sperrte ihn weg

wegen Quälens von Behinderten

und wegen Aggression

gegenüber geistig schwer Gehinderten.

Dies würde führen

zum gesellschaftlichen Ausschluss

Von Ulysses,

dem allzu Listigen.

Er käme sehr schnell völlig zum Handkuss.

Allerdings nehme ich an,

dass er guten Mutes zu sich spräche:

„So isses, Ulysses,

lass dich nicht schrecken allzu sehr,

Schwimm weiter, altes Ungeheuer,

es warten neue Abenteuer."

14 01 2020

20 Der Ukulelekurs

Also Ciao, Schatzi,
Bussibär!
Ich geh jetzt in den Ukulelekurs
und nachher noch auf einen Drink
mit meinen Freundinnen.

anschließend können wir ja
noch ein bisschen kuscheln,
also schlaf nicht ein!

Bei einer solchen Ansage hat man
entweder die falsche Frau
oder die richtige ist demnächst weg.

Egal wie,

es sollten auf jeden Fall

sämtliche Alarmglocken läuten.

Ich geh' jetzt in den Ukulelekurs.

Ukulele - hä?

wenn sie wenigstens Klarinette

lernen würde

Oder Darmflöte zum Beispiel.

Alles nützliche Instrumente zur Kräftigung

Des Beckenbodens und der Oralmuskulatur

Aber so - Ukulele?

Ein Affront gegen jeden Verstand.

Ich krieg die Motten mit der Alten,

seit ich gesagt hab,

Suzie Q ich liebe Du,

geht sie mir nicht mehr von der Pelle.

Und jetzt das mit der Ukulelle,

ich verliere den Verstand!

Der depperte Schmäh mit den Freundinnen,

warum lässt sie das nicht weg.

Und sagt einfach:

"Ich geh mit deinem Freund Günter ficken,

du weißt ja, er kann nur heute."

Ich weiß, der Günter ist sehr nett,

darum balge ich mich nicht mit ihm.

So ist es eben jetzt,

der Günter muss sich nun

mit ihrem Arsch und allem anderen

abplagen.[14]

---

14 Gelesen bei C. Bukowski – „Er musste sich mit ihrem Arsch abplagen"

Mir soll es recht sein,

wenn es so gewünscht;

Sex unter Erwachsenen verträgt keine Regeln,

null Kontrolle.

Solang sie mir nicht hängt

Tripper, Syphilis oder die Pest auch an,

sage ich:

„Einmal im Monat Untersuchung."

Der Gyn-Doktor freut sich

und kauft Schampus.

Die Suzie Q ist sauber

und bleibt bei mir am Campus.

06 03 2020

21 Der Hipster

Er studiert Yoga[15] im vierzigsten Semester

Und beschläft regelmäßig

seine kleine Schwester;

Unter uns: mit Wissen seiner Mutter.

Sie ist ne richtig scharfe MILF

und bläst ihm einen dann und wann,

wenn sie nicht mehr anders kann.

Er trinkt Bio Organic Roibos Tee

mit Granatapfelsirup

Und minimalem

ökologischen Fußabdruck.

---

15 Das ist von Rolf Miller

Was morgen ist,

geht mich nichts an,

ich schau nicht

Übern Tellerrand.

Hauptsache der Teller ist voll

und die Hackler

Erfüllen ihr Plansoll,

und die Hackler

Erfüllen ihr Plansoll.

Verachtet mir den Hipster nicht,

er versteckt nur sein Gesicht

hinter dem gestutzten Bart.

Ein Dutt ist seines Kopfes Zierde;

zwischen Bart und Dutt ist leider dann

nicht sehr viel Platz,

und das merkt man,

wenn er redet stundenlang.

Damit Gesicht und Kopf nicht plötzlich

und im völlig falschen Moment

krachend auseinanderfallen,

trägt der Hipster eine Kombination

Von dicker Brille und

fetten Kopfhörern,

JBL oder Sony *that is.*

Um uns kleine Strampler

endgültig zu schocken,

führt er mit sich ein Elektrorad

um siebentausend Flocken.

Macht nichts, Mutti putzt und Pappi zahlt

den Esel aus Aluminium

und Eisendraht,

damit der Bub immer

einen guten Auftritt hat.

Was morgen ist,

geht mich nichts an,

ich schau nicht übern Tellerrand;

Hauptsache,

der Teller ist voll

und die Hackler erfüllen ihr Plansoll.

Mit der kunstvoll aufgeschichteten

strengen Gouvernantentolle

Schaut er aus

wie völlig von der Rolle;

labert Esoscheiße vor sich hin.

Keiner versteht, was er so sagt,

doch keinen gibt's, der sich beklagt.

Alle nicken sehr verständig.

Der Hipster hat nen Fanklub

auf Facebook

und auf Instagram:

die bewundern seinen Look

und die Fotos, die er jeden Tag

von sich in seinen Hipster-Klamotten

dem p.t. Publiko höchst erfreut

so zeigen mag;

auf Instagram oder sonstwo in dem Cyber-Netz

hat er Follower,

die ham a Hetz mit seinen Sprüchen,

die zu guter Letzt

er abschreibt von der Philosophen Bücher,

Die *Follower* glauben, dass er alles das

seiner beispiellosen Klugheit

und auch Weisheit

noch vor dem Frühstück

locker schnell erfunden hat.

Was morgen ist,

geht mich nichts an.

Ich schau nicht übern Tellerrand;

Hauptsache der Teller ist voll

und die Hackler erfüllen ihr Plansoll.

Auf seine Lung,

da schaut der Hipster drauf,

sie hält er vermeintlich fit,

indem er nicht raucht Proletentschik,

sondern dampft mit Verve und guter Kraft

Den Vapo mit Orangen-, Curry-

oder Lavendel-Geschmack.

20 12 2019

22 Dings - ein Unsinn

Es hat schon was um das Dings sein ;-)

Aber jetzt lass mal gut sein

mit dem Dings

und übertreib's nicht gleich wieder.

Dings sein ist super gut ... ;-)

yeh danke,

ich bin schon ganz Dings,

wie man leichthin sagt.

Voller Vorfreude auf Dings,

die noch kommen werden.

Ding Dong

Ping Pong

Ring Rong

31 01 2020

23 Sex mit Ameisenbären

Frau sollte nicht so tun,

als ob Ameisenbären

keine Sexualpartner wären.

Das kränkt die Tiere sehr

und verursacht ihnen Kummer,

einen ziemlich großen schweren.

Sie stinken zwar ein bisschen,

doch mit ordentlich Wasser, Seife und Shampoo

kann frau sie reinigen,

bevor sie schreitet zum Vereinigen.

Der Bären Rüssel und auch ihre Zunge

sind doch wie gemacht dafür,

zu erfreuen der Damen Zier.

„Süßer lieber Bärli-Bär,

so komm doch her und zeigt es mir."

Von Sodomie ist keine Rede!

Männer stinken auch

und ham nen Rüssel und ne Zunge.

Wer also suchet hier die Perversion,

ist kräftig auf dem Holzweg schon.

23 02 2020

Teil 2 Lieder

24 Das Lied vom Treibgut

Treibende Leichen
und sinkende Schiffe,
Quecksilberfische
und allerlei sonst

Treibt sich rum,
Treibt sich rum,
treibt als Treibgut
auf der Donau au

Refrain:
Im Bauch der Titanic
frisst jeder noch mal
sein letztes Schnitzelchen

Chor:

Schnitzelchen

Schnitzelchen

und verschluckt sich dran.

Im Bauch der Titanic

reißt jeder noch mal

sein letztes Witzelchen

Chor:

Witzelchen

Witzelchen

und verschluckt sich dran

und treibt sich rum,

treibt sich rum,

treibt als Treibgut

auf der Donau au

Leidende Dichter,

dunkles Gelichter,

große Helden

und allerlei sonst

Treibt sich rum,

treibt sich rum,

treibt als Treibgut

auf der Donau au

Im Bauch der Titanic

frißt jeder noch mal

sein letztes Schnitzelchen

Chor:

Schnitzelchen

Schnitzelchen

und verschluckt sich dran,

treibt sich rum,

treibt sich rum,

treibt als Treibgut

auf der Donau au

Verkannte Poeten,

Geschwätzige Literaten,

Verklemmte Tunten

und allerlei sonst,

treibt sich rum,

treibt sich rum,

treibt als Treibgut

auf der Donau au

Im Bauch der Titanic

frisst jeder noch mal

sein letztes Schnitzelchen

Chor:

Schnitzelchen

Schnitzelchen

und verschluckt sich dran

und treibt als Treibgut,

treibt als Treibgut,

auf der Donau au

*Lyrics 1984, music 1994 Hausmaster im Jen-
seits, 1919 live performance mit Chor Thomas
Bernhard Institut Universität Salzburg mit Igor
Karbus als lead singer und den Schauspielstu-
dentinnen en und Studenten des Jahrgangs
2015-2019.*

25 Frankenstein auf Kranken-schein (der Ofen ist aus)

Blues in F
oh please, please, please,
may noone get me wrong:
Don`t get me wrong? Da da di da
no no no , not this wrong, please!

My loneliness is such a drag
I tried to put it into a bag,
it went out of the bag
and it moved
out of my brain
I was open to the world again

Spoken, abstract piano Alban Berg Style

She set me free

Oh yes she did

I was under her spell

It was a loving spell

Oh Mädle, gell Du mogscht mi, gell;

Jo I au, Du Sau

Hau Hau Hau Hau

I was her hoochie coochie lover,

yes I was.

I took her home,

sie war mein Gast,

she took me home,

ich war ihr Gast

Spoken, abstrakte piano Begleitung,
Schönberg Style:
Oh no,
no longer am I
under your spell
in my voice no sadness anymore
no sadness
I put my loneliness
into a bag
threw it into the Danube
into the Danube
put it into a bottle
Swims down to Hungary
Where the „Sternhaus"[16]
Lives deep down
under water,
where the blue and yellow moon
mirrors the river.

---

16 Störartiger Donaufisch, fast ausgestorben

My loneliness is such a drag,

I put it into a bag

and it went out of the bag

and it moved

out of my brain

I was open,

I was open to the world again.

I was her hoochie coochie lover,

yes I was.

I took her home,

sie war mein Gast;

she took me home,

ich war ihr Gast

Spoken:

No more hotline to our hearts,

der Ofen ist aus,

I took the cellphone including

Her black body

That she left here after

the last fuck as

a fetish and

threw it into the Dust bin,

the waste container,

den Colonia Kübel

no more hotline to your heart.

Ihr Herz war nicht mehr meines

und umgekehrt,

Wenn man das so unromantisch sagen kann.

Der Ofen war aus

Lyrics first published 2021 in: „Metaphysische Schlampen", Roman BoD; music unpublished

26 Song of Casey Kajiongua (Big Cake City)

This is the song of Casey Kajiongua
who came around from Africa

This is the song of Casey Kajiongua
who came around from Namibia
singing

(Piano lick)
dub–doo dubidubidibdidee tralaleleralu

Hey man let's go out and get a cake
for the night man
in this big cake
big cake city
big cake, big cake city

Hey man let's go out and get a cake

for the night man

in this big cake

big cake city

big cake

big cake city

This is the song of Casey Kajiongua

who came around from Africa

This is the song of Casey Kajiongua

who came around from Namibia

singing

(Piano lick)

dub-doo dubidubidibdidee tralaleleralu

Hey man let's go out

and get a cake

for the night man

in this big cake

big cake city

big cake

big cake City

Hey man let's go out and get a cake

for the night man

in this big cake

big cake city

This was the song of Casey Kajiongua

who came around from Africa

This was the song of Casey Kajiongua

who came around from Namibia

singing

(Piano lick)
dub-doo dubidubidibibdee tralaleleralu

Hey man let's go out and get a cake

for the night man

in this big cake

big cake city

big cake

big cake city

Lyrics ca. 1984, recorded 1994 by Hausmaster im

Jenseits

27 Der dicke Onkel ausm Park

Ich bin der dicke Onkel aus dem Park
und kauf den Mädchen Bonbons für ne Mark;
dann mach ich meinen Mantel auf
und das müde Schicksal
hat schon wieder einen Lauf.
because two Policemen grab me -
dub doo

two Policemen grab me,
dib- dee
Two policemen grab me grab me
grab me, grab me

Die Mädchen rennen schreiend weg,
doch ich will nur den Pimmel zeigen,
Sex, das interessiert mich nicht,

Der Exhibitionist, der ist halt so,

er tut die Kinder nur erschrecken.

Leider kommen immer

schicksalhaft dahergerannt

two Policemen and grab me –

dub doo

two Policemen who grab me,

dib- dee

Two policemen grab me grab me

grab me grab me

zwei blöde Bullen, die schnappen mich,

obwohl ich nur ein harmlos Kind,

das den Pimmel zeigt geschwind

und sich dann schleicht

schnell in die Büsche,

Das ist alles, meine Lieben,

der dicke Onkel ausm Park

kauft den Mädchen Bonbons für ne Mark,

und den Buben Lutschker für an Schülling

er ist ein bisschen divers

und auch pervers,

er kann nicht anders,

muss es tun,

es ist schon eine Krankheit nun

klassifiziert nach ICD-10

zu behandeln schwer, weil selten

und im Grunde harmlos.

Doch ich verstehe schon,

dass weiblich Kind oder auch Frau

sich sexuell belästigt fühlen,

steht einer mit nem steifem Pimmel

plötzlich nackt vor ihnen.

Er will nur Bewunderung,

aber schreiend laufens weg,

weil es ist ein dunkles Eck

und so manch' obskur Gestalt,

streift des Nachts hier durch den Wald

ja, es ist schon wirklich arg,

was sich findet hier im Park

man weiß ja nicht genau,

dub- doo

was sie vorhaben die Kerle –

dib-dee

könnte sein, dass sie nicht so harmlos sind,

wie der dicke Onkel ausm Park,

und wollen Böses

mit den jungen und auch alten Mösen.

Die Gefahr ist da,

ganz ohne Frag,

diese Kerle sind 'ne Plag.

Drum weg mit ihnen, husch und schnell,

verrollt euch hier,

ihr oberlästig Männertier!

drum gibts jetzt Parks,

ausschließlich nur für Frauen.

Dort zeigen sie sich ungestört und heiter,

ihre Titten und auch Vulven,

Kein Mann ist hier, der störet sie

Beim lustvollen Exhibitionistinnen-Spiel.

Dub-doo

Dib – dee

Ich bin der dicke Onkel ausm Park

Und frag sie harmlos,

ob ich darf

mitspielen beim lustigen Gefuttel

dub-doo

und ob ich kneten darf 'ne Tuttel

dib–dee

doch das war blöd,

nun ist es aus mit mir,

dies Vergehen wiegt sehr schwer.

Two Sheriffs grab me

dub – doo

two policemen grab me

dib dee

grab me grab me

grab me grab me

Sie machen mich gleich völlig Meier,

Handschellen krieg' ich

Und nach #me too Paragraf 267

Werd ich erst mal eingebunkert

Und dann vor Gericht gezerrt.

Zwar nicht im Rollator wie der Weinstein

Aber ich konnte auch nicht

so ein Schwein sein,

weil mächtig war ich nie,

Ich bin der dicke Onkel

ausm Park

und kauf den Mädchen

Bonbons für ne Mark

und den Buben

Lutschker für an Schülling.

etc. ad libitum

Lyrics ca 1986, ergänzt 2021, diverse Perfor-

mances mit der Personal-Band

28 Die Bar zum schrägen Pelikan

Wer herab auf Huren schaut,

verächtlich sie behandelt oder haut.

Ist ein Trottel sondergleichen

Und soll in den Orkus weichen

In der Bar zum schrägen Pelikan

schafften die Damen barfuß an,

Stiefel waren dort verpönt.

nix shiny shiny leather[17], mister!

das geht auch ohne.

Die Ladies sagten klipp und klar,

wie es damals dorten Usus war:

---

17 Das ist von Velvet Underground „Venus in Furs"

no money no honey,

no bogey baloney,

No bullshit mister,

Kohle auf den Tisch;

hast du nix mit,

bist für die Fisch.

no money no honey,

no putzi no schnutzi,

No pussy

No jacuzzi

No bullshit mister,

Kohle auf den Tisch;

hast du nix mit,

kommst zu die Fisch.

Dieses lernte Mann sehr schnell

Wollt er nicht verlieren dort sein Fell.

Wenn sie mit metallenen Nagelspitzen

ihm Muster in die Eichel ritzten.

Und mit ebendiesen Fingern

ihn heftig an den Eiern kitzeln

Da wußte Mann, es ist soweit.

wir widmen uns der Heiterkeit.

Bringe Schampus, edle Frau,

und dieses bitte nicht zu knapp.

Es war natürlich Henkel trocken

Der hier übliche Nuttensprudel

Für einen Tausender pro Bottle.

Das war nicht übertrieben,

das Gesöff tat stets die Stimmung heben.

Die Mösen wurden feuchter dann,

und die Zung wurd flink und locker,

da hält es dann nach zwei drei Flaschen

niemand mehr am Bordell-Hocker.

die Geilheit nimmt schnell überhand;

aufs Zimmer geht's, ich bin gespannt.

Ein paar Scheine wechseln flott

Von Besitzer zu Besitzerin,

no money no honey,

no bogey baloney,

no bullshit mister,

Kohle auf den Tisch;

hast du nix mit,

bist für die Fisch.

no money no honey.

No putzi no schnutzi,

no pussy

no jacuzzi;

no bullshit mister,

Kohle auf den Tisch;

hast du nix mit,

kommst zu die Fisch.

Schon bricht sich die Geilheit Bahn,

mit'm Blaserl fängt es meistens an

und ist man sich nicht gänzlich unsympathisch,

was dann und wann schon vorkommt,

gibt's noch das beliebte Rein-Raus Spiel;

selbstverständlich mit nem Gummi,

weil Hygiene schützt den Flummi.

Wenn man den Damen was spendete

Der Abend meist happy endete;

Wenn man den Damen was spendete

Der Abend meist happy endete.

So ging das Spiel.

Hier die Kohle, da der Sex,

Mit an Blaserl fing meist alles an.

No Money no honey

Keine Kohle nix Fräulein.

Keine Changse für Weicheier,

warst du flach,

so blieb dir immer noch,

ach ist das lieb,

zu Hause dann der Handbetrieb,

wobei der Pussy-Spaß

halt dieses Mal beiseite blieb.

no money no honey,

no boney baloney,

No bullshit mister,

Kohle auf den Tisch;

hast du nix mit,

bist für die Fisch.

Schon bricht sich

die ordinäre Geilheit Bahn,

das Spielchen fängt schon wieder an

freudig locken feuchte Mösen.

mit an Blaserl fing meist alles an

in der Bar zum schrägen Pelikan.

29 11 2019

29 Liiert (extended version)

Meine Süße beglückt mich mit ihren Reizen,

die sie sonst niemandem gönnt.

Das dacht' ich lange,

doch ich hatte schwer gepennt;

war vor Liebe sehr verwirrt,

hatte mich fürchterlich geirrt.

Als ich erwachte aus meinem Schlummer,

bekam ich darob einen riesigen Kummer.

Ich verließ sie mit Wut

und mit Schauder zugleich,

bevor ich wurd' durch ihr Tun eine Leich.

Und geht die Bahn mal runter,

man glaubt die Welt geht unter,

schon ist ne Neue da,

ich verlieb mich so leicht,

und eh ich mich's recht verseh,

und die Liebe richtig probiert,

bin ich wieder vergeben

und strengstens liiert.

Einst wurd ich mit nem

Mädchen vom Land bekannt,

sie beeindruckte mich

durch ihr besonderes Gewand,

das sie trug um zu prunken

mit ihren Protuberanzen

Dirndl wurds geheißen,

ich war schwer verliebt,

weil sicher nichts Schöneres könnte sein,

als ein Mädchen vom Land zu frein.

Bevor ich mich's versah

und die Liebe richtig probiert

war ich wieder gebunden

und strengstens liiert.

Dann wurd' ich mit 'nem Mädchen

vom Taxistand ziemlich heftig schnell bekannt.

Sie war 'ne elend geile Schnitte

und schrie in der Bar

Ich will jetzt ficken bitte.

Umständlichkeit war nicht ihr Metier;

Ein Befehl eher war es,

so kam es mir vor.

Wir fickten vorm Tor

und dann hielt sie die Schnauze

Sie hatt's gut bei mir,

weil ihr Alter, der haut'se.

Nach drei Tagen

hatte ich genug von der Schnepfe,

ich verließ sie mit Erleichterung

und Freude zugleich,

bevor ich wurd' durch ihr Tun eine Leich.

Und geht die Bahn mal runter,

man glaubt die Welt geht unter,

schon ist wieder 'ne Neue da,

ich verlieb mich so leicht.

Und bevor ich mich's verseh

und die Liebe richtig probiert,

bin ich wieder gebunden

und strengstens liiert.

19 10 2019

30 Die Moritat vom Breitwieser-Schani[18]

Der Breitwieser Schani, der proletarische Held,

gab den Armen die Hälfte von dem Geld

das er erbeutet aus der Reichen Kasse,

das fanden die Armen große Klasse.

Er wurde gefeiert wie ein Retter,

das Leben der Armen

wurde darob nicht fetter.

Doch die Reichen,

denen er leerte den Tresor,

kriegten wegen ihm

einen heftigen Furor.

---

18 Einige Facts entnehme ich dem Artikel über B. auf folgender Website:
Outlaw Legend Schani Breitwieser http://www.outlawlegend.at/?legend=8
Der Text wurde von Rudi Burda in die Wiener Sprache übersetzt, großteils
verändert und vertont.

sie ließen den Schani fangen

und dann gleich töten,

ganz ohne Verhandlung und Gericht,

bei diesem Lumpen war das Pflicht.

Sie schossen ihm durch Milz und Leber,

da wurde er tot, der proletische Geldhergeber.

Sie wollten die Tresore schützen

Jedoch es sollte wenig nützen,

die Inflation die gierige

gab den Reichen dann den Gschtieß,

fraß auf, was der Schani übrigließ.

Der Breitwieser Schani, der proletarische Held,

gab den Armen die Hälfte von dem Geld

das er erbeutet aus der Reichen Kasse,

das fanden die Armen große Klasse

Der Breitwieser Schani, der Arbeiter-Held,
gab den Armen die Hälfte von dem Geld,
das er erbeutet aus der Reichen Kasse,
das fanden die Armen große Klasse.

Im Tiergarten zu Schönenbrunn,
da wartete er oft auf die Sunn
zu halten bei den Tieren Wacht,
auf dass er lernte, was sie wussten,
er wollte den Menschen einen husten.

Beim Verhöre sprach der Schani dann
zu dem erstaunten Richtersmann
Ja, Herr Rat, „A Aff war mei Lehrer",
und „a Bär war mei Professor,"
ich lernte im Zoo,
was ich wissen muss,
zu vergessen der Schule üblen Stuss.

Die Lieserl,

des Schani große Liebe,

störte sich extrem daran,

dass der Schani hatte immer

ganz elend abgewetzte Kleider an.

Das ließ er sich nicht zwei Mal sagen,

dem Textilhandel ging's nun an den Kragen.

Sobald er den neuen Anzug geklauet hatt',

teilt sie willig mit ihm die Lagerstatt.

Und was lernen wir daraus?

Abgewetzte Klamotten sind ein Graus,

Kein einziges Wiener Mädel

geht mit an Abg'wetzten z'Haus.

Drum Männer sorget drum,

dass frisches G'wand ihr tragt,

das den Frauen taugen tat.

Sie fragen nicht, woher ihr's habt,
geklaut oder nicht, Hauptsach' net fad;
und so schiach und abgewetzt,
das ist wirklich das ganz Allerletzt.

Der Schani macht Karriere dann
Als professioneller Räubersmann;
eine Bande nimmt ihn auf,
genannt „Bruderschaft der schwarzen Larven."
Sie geleitet ihn vom Anzugklauer
zum geübten Tresorausbauer.
Der „Eisenschlitzer" hieß er bald
und „König von Meidling"
nannten ihn die Armen.

Sie liebten ihn,

weil er ganz anders war

als die Reichen sonderbar.

er gab ihnen die Hälfte

von dem Gerschtl,

das er erbeutet.

sie feierten ein großes Feschtl,

ganz Meidling war

fett wie ein Radierer

und stieß an

auf den freigebigen Tresorausstierer.

Der Breitwieser Schani, der Arbeiterheld,

gab den Armen die Hälfte von dem Geld

das er erbeutet aus der Reichen Kasse,

das fanden die Armen große Klasse

Der Breitwieser Schani, der proletarische Held,
gab den Armen die Hälfte von dem Geld
das er erbeutet aus der Reichen Kasse,
das fanden die Armen große Klasse

Im Jahr neunzehnhundertneunzehn war's
in der Hirtenberger Munitionsfabrik.
Da hatte der Schani ganz großes Glück.
eine halbe Million Goldkronen war seine Beute
viel davon verteilte er unter die Leute.

Der Coup sprach sich sehr schnell herum.
Die Waffenschmiede und die Kriegsgewinnler
jaulten auf: "das wird ja immer schlimmer!"
Es begann die Jagd auf diesen Guten
bis er musst' elend sein Leben ausbluten.

Dem Ansturm war der Schani nicht gewachsen,
„tödlich verhaftet" wurd' er kurz darauf,
so hieß das in der damaligen Zeit.

Das störte in der Regel niemand,

beim Schani war's ganz anders,

das Volk betrachtet ihn als einen der Seinen

und fünfzigtausend Publikum

stand auf seiner Beerdigung

vollkommen geschockt und traurig

auf dem Meidlinger Friedhof herum.

Mehr als beim letzten Kaiser selig,

so wird's berichtet,

und wenn es nicht stimmt,

so ist es gut gedichtet.

Der Breitwieser Schani, der proletarische Held,

gab den Armen die Hälfte von dem Geld

das er erbeutet aus der Reichen Kasse,

das fanden die Armen große Klasse.

Der Breitwieser Schani, der tapfere Held,

bringt nur das Gute in die Welt

Er nimmt den Reichen

wovon sie viel zu viel.

so hatten sie weniger Sorgen

mit ihrem Gerschtl.

Den Armen gab er,

weil sie hungerten und litten;

mit diesem Gerschtl hatten sie's recht schwer,

Sonst sie nicht arm gewesen wärn.

Ihr Gerschtl war Gerstensuppe und Haferbrei,

den Schani verehrten sie wie ein' Kenig.

Aber wurscht is jetzt, es sei wie's sei,

fehlt's Gerschtl, bleibt der Haferbrei.

Dem Schani allerdings, wie man versteht,

war das jetzt durchaus alles

vollständig Blunz'n und auch einerlei.

Der Breitwieser Schani, der tapfere Held,

gab den Armen die Hälfte von dem Geld,

das er erbeutet aus der Reichen Kasse.

das fanden die Armen große Klasse

Der Breitwieser Schani, der furchtlose Held,

bringt nur das Gute in die Welt.

Er nimmt den Reichen

wovon sie viel zu viel,

befreit sie von diesem unguten Gefühl

27 11 2019

171

31 Die Wagnerin

Die Wagnerin hat nette Möpse,

drum trinken die Jungs immer dort ihr Bier

refrain:

Fahr nicht nach Amerika

Fahr nicht nach Amerika

Fahr nicht nach Amerika

bitte, bitte, bitte bleib doch da!

Der alte Wagner hat ne nette Knarre,

damit schießt er sich manchmal ins Knie

Fahr nicht nach Amerika

Fahr nicht nach Amerika

Fahr nicht nach Amerika
bitte, bitte, bitte bleib doch da!

Der Otto Wagner hat ne nette Stadtbahn,
damit fahren die Jungs manchmal schwarz.

Fahr nicht nach Amerika
Fahr nicht nach Amerika
Fahr nicht nach Amerika
bitte, bitte, bitte bleib doch da!

Die Wagnerin
hat nette Möpse
drum trinken die Jungs
immer dort ihr Bier.

fahr nicht nach Amerika,
fahr nicht nach Amerika
fahr nicht nach Amerika

bitte, bitte, bitte bleib doch da!

fahr nicht nach Amerika,

fahr nicht nach Amerika

fahr nicht nach Amerika

bitte bitte bitte bleib doch da

Lyrics ca 1994

Über den Autor

Geboren 14. Juli 1952 in Tübingen (BRD);
1974 Externistenmatura Maturaschule Dr. Roland Wien;
1975-1981: Studium Raumplanung und Raumordnung TU Wien;
1975-1981: freiberuflicher Mitarbeiter an diversen Instituten der TU Wien;
1983 - 1987: freiberuflicher Politikberater und Projektmanager;
1987: Ziviltechnikerprüfung;
1987 –2005: Ingenieurkonsulent für Raumplanung und Raumordnung;
Co-Leitung Ziviltechniker-Unternehmen mit bis zu 20 Mitarbeiter*innen;
Managing Partner bei HARY HEINZE Consulting Engineers Vienna, Hackhofergasse 9, 1190 Wien;
internationale Consulting Tätigkeiten (Namibia 1984, UdSSR 1987, Ghana 2005);
Parallel dazu Kunstprojekte:
1984: FISCH & FOGEL Ein mythorealistischer Guerilla-Angriff auf tote Seelen und Gründerzeitfanatiker, gemeinsam mit G. Ullreich;
1990: Bühnenmusik für ENDSTATION SEHNSUCHT von Tennessee Williams am Tiroler Landestheater, Regie Oliver Karbus;
1994: Texte und Kompositionen zur CD HAUSMASTER IM JENSEITS mit Hans Hohensinn (dr), Wolfgang Killian (git, arr), Gerhard Vojtech (b, arr), Thomas Heinze (ep, org, voc, arr);
2000: ECOTONES & BORDERLINES Photographien und Aquarelle vom Shannon River, Irland, Ausstellung Galerie Freitag, Winden am See;
2000-2001: METAPHYSISCHE SCHLAMPEN Fraktalroman, veröffentlicht bei BoD 2021;
2002: HAUSMASTER IM JENSEITS - der Film, gemeinsam mit H. Hohensinn, W. Killian, G. Vojtech;
2004-2009: Kulturprojekt KETZERHOF Wien (Konzeption und Management);
seit 2005: in Pension mit nicht kommerziellen Tätigkeiten als Autor und Herausgeber (Poesie, Lieder, Essays)

Hausmaster im Jenseits - die CD

featuring Wilfgang Killian (git, arr); Thomas Heinze (ep, org, voc, arr); Gerhard Vojtech (b, arr); Hans Hohensinn (dr).

Tontechnik:

Mike Amon, Wolfgang Killian, Gerhard Vojtech

aufgenommen 1994 in Kronegg 3, 3925 Almelon

die CD enthält folgende Werke:

1. Barnabas
2. steiler Ofen
3. Etoscha Pfanne
4. Song of Casey Kajiongua (Big Cake City)
5. Lied vom Treibgut

Sonderpreis: Euro 15.-- + Versandkosten

Bestellungen unter heinze-vienna@aon.at